EXTRAIT

DU

MÉMORIAL CATHOLIQUE

DE MAI 1825.

Le *Mémorial catholique* paroît vers le 15 de chaque mois, à partir du 15 janvier 1824, par livraisons de trois à quatre feuilles d'impression (48 à 64 pages in-8°).

Le prix de la souscription (*franc de port*) est de 8 fr. pour six mois, 15 fr. pour l'année, et 20 fr. pour l'étranger.

ON SOUSCRIT A PARIS :

Au bureau du *Mémorial catholique*, rue Cassette, n° 35, près Saint-Sulpice.

On souscrit aussi chez tous les Directeurs de poste, et chez les principaux Libraires de France comme de l'étranger. Les lettres, demandes et réclamations, ainsi que les envois d'argent, doivent arriver franc de port.

DE LA PROPAGATION DES LIVRES IRRÉLIGIEUX

DEPUIS LA RESTAURATION,

Lorsque, vers le milieu du dernier siècle, une secte impie et séditieuse, née du protestantisme, osa tirer toutes les conséquences du principe de la souveraineté de l'homme, proclamé par les réformateurs du seizième siècle ; que, timide jusqu'alors et comprimée par la crainte des lois, elle devint audacieuse par l'impunité ; que, se sentant forte de toute la foiblesse des gouvernements, elle ne craignit plus de conspirer au grand jour, et d'annoncer hautement des projets qui ne tendoient à rien de moins qu'à la destruction de toute autorité ; lorsqu'une raison insolente put examiner librement, discuter, nier tous les dogmes, tous les devoirs, tous les droits qui sembloient avoir une base sacrée dans le consentement des âges, témoins de l'audace des novateurs et de la coupable tolérance des dépositaires du pouvoir, tous les bons esprits prévirent et prophétisèrent les malheurs qui devoient fondre sur la société. Ils comprirent que ce débordement de livres corrupteurs qui infectoient toutes les conditions, tous les rangs, depuis les marches du trône jusqu'à la chaumière, et auquel on n'opposoit que des barrières impuissantes, finiroit par entraîner tout, les institutions, les lois, les mœurs : que la raison souveraine de l'homme, que toutes ses passions violentes, que tous ses penchants abjects, répondroient à l'appel de la philosophie; qu'après avoir appris à haïr le joug des lois, le peuple essaieroit de le briser; qu'après avoir admiré tant de plans de régénération politique et religieuse, il voudroit les réaliser; qu'enfin une génération *pensante*, qui proclamoit des principes, seroit nécessairement suivie d'une génération *agissante*, qui tireroit les conséquences, et qu'ainsi toutes ces *lumières* que les philosophes étoient venus apporter au monde éclaireroient les ruines de l'ordre social.

« Eh ! quoi, » s'écrioient les évêques de France dans un mémoire présenté au roi, le 6 mai 1770, « pour ne pas arrêter les »progrès heureux de l'esprit humain, faut-il donc lui per- »mettre de tout détruire? Ne pourra-t-il être libre que lors- »qu'il n'y aura plus rien de sacré pour lui? Cette liberté ef- »frénée de rendre publics les délires d'une imagination égarée, »loin d'être nécessaire au développement de l'esprit humain, »ne peut que le retarder, par les écarts où elle le jette, par les »folles illusions dont elle l'enivre, et par les troubles divers »dont elle remplit les états. C'est cette fatale liberté qui a in- »troduit chez les insulaires nos voisins cette multitude con- »fuse de sectes, d'opinions et de partis, cet esprit d'indépen- »dance et de rébellion qui y a tant de fois ébranlé ou ensan- »glanté le trône. Cette liberté produiroit peut-être parmi nous »des effets encore plus funestes ; elle trouveroit dans l'incon-

» stance de la nation , dans son activité, dans son amour pour
» les nouveautés , dans son ardeur impétueuse et inconsidérée,
» des moyens de plus pour y faire naître les plus *étranges ré-*
» *volutions* et la précipiter dans *toutes les horreurs de l'a-*
» *narchie.* »

Les réclamations du clergé ne furent point écoutées. « Les
» oreilles des ministres , dit un de nos historiens, étoient fer-
» mées aux conseils comme aux reproches ; ils laissoient tran-
» quillement saper le trône et l'autel. Indifférents ou séduits
» eux-mêmes , ils aveugloient le monarque sur ses vrais inté-
» rêts ; ils taxoient les craintes du clergé de France de frayeurs
» pusillanimes (1). » Le symptôme le plus effrayant de la déca-
dence des états, et le signe le plus infaillible de leur ruine
prochaine, c'est l'imprévoyance des hommes qui ont reçu
d'en haut, avec le pouvoir, la mission de faire respecter les
vérités qui sont le fondement de l'ordre social.

L'événement ne tarda pas de justifier les prédictions et les
alarmes du clergé de France. Vingt ans s'écoulèrent à peine,
et le trône antique de nos rois, que des ministres foibles
n'avoient pas su défendre, disparut dans l'abîme que l'impiété
creusoit depuis un demi-siècle. Frédéric disoit que s'il vouloit
punir une province, il la feroit gouverner par des philosophes:
il révéloit, sans le savoir, le secret du châtiment que Dieu ré-
servoit à la France. La religion et la royauté semblèrent un
moment se retirer dans le ciel ; Dieu ne fut plus représenté sur
la terre. Alors , sur un échafaud teint du sang des prêtres et des
rois, l'impiété proclama *le règne de la Raison.* Il n'est pas nécessaire de retracer ici l'histoire de ce règne, faite pour épou-
vanter et pour instruire à jamais les nations et les rois.

C'est en vain que la philosophie, honteuse de ses propres
excès, désavoue aujourd'hui tant de folies , tant d'attentats
sans exemple dans les annales de l'univers. Pour l'absoudre

______

(1) *Mémoires pour servir à l'Histoire ecclésiastique du dix-huitième siècle;*
tom. III, pag. 504, 2ᵉ édition.

des crimes et des malheurs de la France, il faudroit oublier que la révolution française a eu un caractère particulier ; qu'elle a été l'œuvre d'une raison en délire autant que de toutes les passions déchaînées ; que les proconsuls sanguinaires, que leurs satellites qui parcouroient les provinces, n'étoient que les agents des assemblées législatives, dont ils exécutoient les décrets. Cela est si vrai que lorsque l'on veut justifier ces hommes qui servirent d'instrument à tant de crimes, on nous dit tous les jours : Ils ne faisoient qu'exécuter les lois. Or quel génie dictoit à toutes ces assemblées d'épouvantable mémoire tant de lois qui couvrirent la France de ruines, qui l'inondèrent de sang ? Quels livres étoient cités sans cesse à la tribune, quels principes étoient invoqués ? Lisez les délibérations des assemblées révolutionnaires, lisez les considérants de leurs décrets : tous ont été portés au nom de la philosophie, tous se trouvent justifiés par les maximes proclamées dans les livres impies ; il n'en est pas un seul qui ne soit la conséquence d'un principe ou l'accomplissement d'un vœu exprimé par les sophistes du dix-huitième siècle. Marquées du sceau de la philosophie, faites par ses disciples, les lois de la révolution sont donc toutes son ouvrage ; à elle seule appartient l'horreur qu'inspireront à jamais tous les crimes commis en vertu de cette législation barbare et athée.

Buonaparte comprit si bien que la révolution n'étoit pas autre chose que l'impiété, qu'il crut devoir enchaîner l'impiété avant de se rendre maître de la révolution. Il ordonna à la philosophie de respecter les autels qu'il venoit de relever, et le trône qu'il s'étoit formé des débris de la république et de la monarchie. La philosophie obéit ; elle trembla et se tut devant Buonaparte. Cet homme connoissoit très bien le caractère d'une secte essentiellement ennemie de toute autorité ; il disoit «qu'il ne se sentoit pas assez fort pour gouverner un peuple » qui liroit Voltaire et Rousseau.»

Les ministères qui ont gouverné la France depuis la chute de Buonaparte ont jugé que l'autorité de nos rois résisteroit à une épreuve à laquelle ce despote n'auroit pas voulu soumettre la sienne. On nous dit qu'il y a une grande force dans la légitimité, soit; mais il me semble aussi qu'on se l'exagère. Après tout, si l'impiété continue à semer la sédition et l'anarchie dans le cœur des générations qui s'élèvent, lorsque ces germes auront porté leurs fruits, le roi très chrétien n'aura pas, pour comprimer des peuples révoltés, un bras de fer comme Buonaparte, et il ne pourra pas retrancher son trône, assiégé par la révolution, derrière douze cent mille baïonnettes.

Chose étrange! le règne d'un fils de saint Louis a affranchi l'impiété, condamnée au silence sous Buonaparte. Devenue hautaine, menaçante, à mesure que le gouvernement s'est montré plus foible, elle s'est autorisée impudemment de la loi fondamentale de l'état, elle a prétendu y lire ce qu'un roi très chrétien n'a pas voulu, n'a pas pu y mettre, le droit d'ébranler toutes les vérités qui sont à la fois le fondement de l'état et de la religion. Cependant le pouvoir a reculé devant ces prétentions insolentes, et depuis dix ans une scandaleuse impunité a consacré en France, sous le nom de liberté de la presse, une licence qui a passé toutes les bornes. Tous les écrits séditieux et impies des sophistes du dernier siècle, tous les livres qui ont fait la révolution, reproduits sous toutes les formes, mis à la portée de toutes les fortunes, sont plus répandus aujourd'hui qu'à l'époque même où la révolution éclata. Il n'est pas d'ouvrage si obscène, si sacrilége, qui ait éveillé le sommeil des lois; et l'athéisme lui-même, professé ouvertement, dans une foule de livres dont les éditeurs n'ont pas même été traduits devant les tribunaux, semble être rangé aujourd'hui parmi les opinions que les Français sont libres de publier, et sur lesquelles la *Charte* étend une égale protection. Où sommes-nous, et où nous mène une audace encouragée par une si déplorable tolérance? Qu'on s'explique; quel motif a-t-on de croire que les mêmes causes n'amèneront pas les mêmes effets? de bonne foi, pouvons-nous espérer que cette nouvelle monarchie, que l'on a refaite avec des ruines, que nous avons vue tomber, se relever, et qui a été restaurée déjà deux fois dans l'espace de dix ans; qui, formée de tant d'éléments qui se repoussent et que le temps n'a pas encore unis et cimentés, ne semble demeurer debout que comme par miracle, sur un sol mouvant et ébranlé par la révolution, tiendra long-temps contre le choc de tous les principes destructeurs qui renversèrent, il y a trente ans, un trône et des institutions de quatorze siècles?

Au reste, si le pouvoir n'a rien fait encore pour prévenir les nouveaux désastres que ne peut manquer d'entraîner le débordement de tous les livres corrupteurs qui détruisirent la monarchie une première fois, ce n'est pas faute d'avoir été averti. On n'a pas oublié les énergiques réclamations d'un pontife dont l'église pleure la perte récente, et dont l'âme, fatiguée de soixante ans de combats contre l'impiété, retrouvoit encore toute sa vigueur chaque fois qu'il s'agissoit de défendre la cause abandonnée de la religion. Les instructions pastorales de M. l'évêque de Troyes, contre les mauvais livres, resteront comme un modèle de zèle et d'éloquence; Dieu veuille qu'elles ne survivent pas à la monarchie, comme un monument destiné à absoudre l'épiscopat français, et à accuser des ministres coupables ou imprévoyants au tribunal de la postérité! Il y auroit de l'injustice à ne pas rappeler ici que le même désordre excita le zèle d'un autre auteur chrétien, dont il sera utile peut-être de citer les paroles.

«Il est un mal, » disoit M. l'évêque d'Hermopolis, il y a cinq ans, dans une de ses conférences prêchées dans l'église de Saint-Sulpice, « il est un mal, qui, après avoir désolé les géné-»rations présentes, peut amener la ruine entière des généra-»tions à venir; un mal qui, s'étant répandu de la capitale

» dans les provinces, comme une contagion, a fini par infecter
» les campagnes, non moins que les cités, les conditions obscu-
» res non moins que les plus élevées; qui, par son étendue et sa
» profondeur, paroît incurable, et dont il faut pourtant chercher
» le remède, soit pour l'extirper, soit du moins pour en affoi-
» blir les ravages, si l'on ne veut pas que tout périsse, les
» mœurs, les lois, les institutions, la monarchie : je veux par
» ler de la circulation toujours croissante d'une multitude de
» livres contre la religion(1)...»

« Aujourd'hui, ajoutoit-il, telle est la licence des esprits, que
» mon zèle paroîtra peut-être avoir quelque chose d'étrange,
» ou du moins de bien éloigné de la tolérance illimitée dont se
» glorifie le siècle présent. Que d'illusions n'ai-je pas à dissiper...
» Je l'avoue, en m'élevant contre les livres irréligieux, j'ai la
» triste certitude que ma voix ne sera qu'une barrière bien im-
» puissante contre ce torrent dévastateur; et que peuvent tous
» mes efforts pour briser les plumes impies et les presses qui
» leur servent de complices? N'importe; il ne faut pas que la
» religion se taise devant l'audacieuse impiété, et que l'orateur
» évangélique recule devant le sophiste bel esprit.»

Nous ne savons pas jusqu'à quel point nous devons nous
livrer aux espérances que pourroient faire concevoir les paroles
que nous venons de citer. Grâce au ciel, parmi tant de ministres qui se sont succédé depuis dix ans, il en est un au
moins qui comprend la nécessité d'arrêter le débordement des
livres corrupteurs, *si l'on ne veut pas que la monarchie
périsse*. Mais, hélas! du rang élevé où se trouve placé M. l'é-
vêque d'Hermopolis, il pourroit peut-être dire encore, comme
autrefois du haut de la chaire de Saint-Sulpice : *Que d'illusions n'ai-je pas à dissiper? que peuvent mes efforts?* Et en
effet, n'a-t-on pas entendu le président du conseil des minis-

______

(1) *Défense du Christianisme*, tom. III, *Conférence sur les livres irréligieux.*

tres soutenir, il n'y a que peu de jours, à la tribune de la chambre des députés, que l'on avoit tort de s'alarmer de la réimpression des livres irréligieux; que plus ils se multiplioient, moins il devenoient dangereux, et que l'abus de la presse se corrigeoit par ses propres excès : idée neuve sans doute, dont l'honneur n'appartient cependant pas au ministre, puisqu'elle servit l'année dernière à faire briller l'esprit d'un rédacteur du *Journal des Débats;* mais idée absurde, et qui deviendroit fatale à la monarchie, si les conseils de la sagesse, si les arrêts de l'expérience, que M. l'évêque d'Hermopolis opposera sans doute à ces systèmes plus séduisants encore par ce qu'ils ont de commode que par ce qu'ils ont d'ingénieux, n'étoient pas écoutés; et si *l'orateur évangélique reculoit devant des* rêves conçus dans la creuse imagination d'un *sophiste bel esprit.*

Cependant, comme tous nos législateurs, tous nos hommes d'état ne pensent pas sans doute, ainsi que M. de Villèle, que les doctrines impies n'ont tué une première fois le corps social, que parcequ'elles ne lui furent pas administrées à d'assez fortes doses, et que, pour lui rendre aujourd'hui une santé parfaite, il n'y a qu'à lui laisser avaler tous les jours de nouveaux poisons, qui neutraliseront l'effet de ceux qu'il porte dans son sein; nous croyons faire une chose utile en les mettant à même d'apprécier les maux qu'ont faits à la monarchie, depuis six ans, l'audace de l'impiété et la tolérance des ministres. Beaucoup d'honnêtes gens n'ont vu qu'une exagération déplacée dans une expression employée par un de nos collaborateurs, *la révolution aidée de la restauration.* Eh bien! la vérité effrayante que ce mot exprime, nous allons la mettre à la portée des esprits les plus positifs ; nous la démontrerons par des calculs que tout le monde peut vérifier, en se donnant la peine de feuilleter les registres de la librairie. Nous présenterons dans une suite de tableaux les nombreuses réimpressions qui ont été faites, depuis 1817 jusqu'en 1825, des productions les plus révolutionnaires ou les plus irréligieuses de l'impiété moderne : le lecteur pourra comme suivre des yeux les progrès d'une contagion que M. l'évêque d'Hermopolis regardoit il y a cinq ans comme *incurable*, et qui n'a cessé depuis d'étendre ses ravages, qui bientôt aura dévoré la société tout entière. Nous avons cru devoir faire suivre ces tableaux de quelques observations nécessaires à une partie du public qui a le bonheur de ne pas lire et d'ignorer tout ce que renferment ces livres impies ; et pour qu'on ne nous accuse pas de rien exagérer, c'est par ces citations que nous mettrons nos lecteurs à même de juger de ces ouvrages.

Résultera-t-il quelque bien d'un travail qu'il est étrange que le gouvernement n'ait pas ordonné lui-même ? nous n'osons guère l'espérer. Des chiffres qui ne peuvent servir qu'à calculer la situation morale de la France fixeront-ils seulement l'attention de tant d'hommes d'état, pour qui la société tout entière est renfermée dans les chiffres du budget ; qui trouvent que tout est bien, pourvu que le crédit public prospère et que les impôts soient payés avec exactitude ; qui ne conçoivent pas qu'on puisse craindre pour l'avenir d'une société dont les destinées sont cotées à la bourse au-dessus du pair!...

EDITIONS DE VOLTAIRE ET DE ROUSSEAU,

PUBLIÉES À PARIS, DEPUIS ET COMPRIS LE MOIS DE FÉVRIER 1817 JUSQU'AU 31 DÉCEMBRE 1824.

NOMS des ÉDITEURS.	DATES		NOMBRE des exemplaires de l'édition.	NOMBRE des volumes de l'exemplaire.	NOMBRE TOTAL des volumes de l'édition.
	de la première livraison.	de la seconde livraison.			
VOLTAIRE.					
Desoër	8 févr. 18 7	1er oct. 1818	3,000	26 vol. in-8°	78,000
Plancher	21 mars	17 avril 1820	2,000	44 vol. in-12	88,000
Ve Pérroneau	18 avril	9 nov. 1822	3,000	56 vol. in-12	168,000
Lefèvre et Deterville	1er juillet	14 nov. 1818	2,000	41 vol. in-8"	82,000
Lequien	15 juin 1820	non termin.	2,500	70 vol. in-8°	175,000
Thomine et Fortic	21 juin	30 oct. 1822	3,000	60 vol. in-18	180,000
Renouard	23 décem.	14 fév. 1823	1,500	66 vol. in-8°	99,000
Touquet { édition des chaumières. }	21 sept.	30 déc. 1820	5,000	15 vol. in-12	75,000
Touquet { édition de la grande et moyenne propriété }	8 févr. 1821	non termin.	3,000	67 vol. in-12 au lieu de 75	201,000
Esneaux	15 nov.	12 oct. 824	3,000	65 vol. in-8°	195,000
Dupont	14 jan. 1823	non termin.	2,600	70 vol. in-8°	182,000
Dalibon	20 juil. 1824	idem	1,000.	75 vol. in-8°	75,000
Total.			31,600		1,598,000
J.-J. ROUSSEAU.					
Belin	28 mars 1817	2 déc. 1817	1,500	8 vol. in-8°	12,000
Lefèvre et Deterville	24 juillet	22 juin 1818	1,500	18 vol. in-8°	27,000
Ledoux et Tanré	15 oct. 1818	19 juin 1819	3,000	20 vol. in-18	60,000
V.e Péroneau et Guillaume.	17 octobre	1er août 1820	2,000	22 vol. in-12	44,000
Lefèvre	15 juil. 1819	9 sept.	1,000	22 vol. in-8°	22,000
Lequien	31 oct. 1820	22 mars 1823	1,500	20 vol. in-8°	30,000
Touquet	22 décem.	12 déc. 1821	3,000	12 vol. in-12	36,000
Thomine et Fotric	6 avril 1824	4 mars 1824	2,000	25 vol. in-18	50,000
Desoër	30 août	21 nov.	5,000	21 vol. in-18	63,000
Lequien	1er juil. 1823	non termin.	1,500	21 vol. in-8°	31,500
Musset-Pathay	1er sept.	7 déc. 1824	2,000	22 vol. in-8°	44,000
Garnery	25 mars 1824	non termin.	1,500	24 vol. in-12	36,000
Dalibon	24 juillet	idem	1,000	25 vol. in-8°	25,000
Total.			24,500		480,500

OUVRAGES DÉTACHÉS DE VOLTAIRE ET DE ROUSSEAU,

PUBLIÉS A PARIS, DEPUIS LE MOIS DE FÉVRIER 1817 JUSQU'AU 31 DÉCEMBRE 1824.

| NOMS | | TITRE DES OUVRAGES. | DATES | NOMBRE | |
DES AUTEURS.	DES ÉDITEURS.		DE LA PUBLICATION.	DES EXEMPL.	DES VOL.
Voltaire.	Bossange.	Philosophie, vol in-18, (en espagnol.)	26 déc. 1822.	2,000	2,000
Id.	F. Didot.	Dialogues et entretiens philosophiques, 2 vol. in-18.	4 décembre.	1,500	3,000
Rousseau.	Persan.	Profession de foi du vicaire savoyard, in-12.	13 février.	1,500	1,500
Id.	Beaume.	Émile (en espagnol), 3 vol. in-12.	10 sept. 1817.	3,000	9,000
Id.	Ve Dabo.	Id., 3 vol. in-12.	4 octobre 1823.	2,000	6,000
Id.	Chassaignon.	Id., 4 vol. in-32.	17 mai 1824.	2,000	8,000
Id.	Tournachon.	Id., 5 vol in-18 (en espagnol).	1er juillet.	2,500	12,500
Id.	Mesnard et Desenne.	Id., 5 vol. in-18.	21 septembre.	1,500	7,500
Id.	Maccarty.	Id., 6 vol. in-18.	10 nov. 1824.	1,500	9,000
Id.	Caille et Ravier.	Contrat social, in-18.	20 mai 1818.	1,000	1,000
Id.	Bossange frères.	Id., in-18 (en espagnol).	20 avril 1820.	2,000	2,000
Id.	Cormon de Lyon.	Id., in-18 (Id).	3 novembre.	1,500	1,500
Id.	Bataille et Bousquet.	Id., in-18.	25 septembre.	1,000	1,000
Id.	Geoffrès, étudiant en droit.	Id., in-12.	4 décembre.	3,000	3,000
				4,000	4,000
Id.	Chassaignon.	Id., in-18.	15 mars 1822.	1,000	1,000
Id.	Brissot-Thivars.	Id., in-18.	29 mai.		
Id.	Mesnard et Desenne.	Id., in-18.	21 sept. 1824.	1,500	1,500
Id.	H. Saint-Simon.	Id., in-8.	13 août 1822.	1,500	1,500
Id.	Ve Lepetit.	Œuvres politiques, 4 vol. in-18.	29 déc. 1820.	1,500	6,000
			Total...	35,500	81,000

OEuvres de Voltaire. Louis XVI captif dans la prison du Temple, dans le lieu même qui avoit été comme le berceau de la philosophie du dix-huitième siècle, disoit à la vue des portraits de Voltaire et de Rousseau : « Ces deux hommes ont »perdu la France ; » vérité trop évidente pour qu'elle puisse être obscurcie par les écrivains d'un parti qui a ses raisons aujourd'hui pour la nier. Toujours le simple bon sens répondra à leurs sophismes, qu'il n'y a pas d'effet sans cause dans le monde moral, pas plus que dans le monde physique ; que la ruine des empires n'est jamais un accident, et que les doctrines seules, en agitant l'esprit des peuples, ébranlent les sociétés, de même que les vents, en soulevant les flots, bouleversent les mers. Or, tout homme qui a réfléchi sur l'ascendant incroyable que Voltaire et Rousseau exercèrent sur leur siècle, verra dans les écrits de ces deux philosophes la première cause de ce mouvement général qui, en entraînant les peuples dans l'abîme de l'impiété, devoit les précipiter dans l'abîme des révolutions.

« *Voltaire*, disoient ses disciples en 1790, *n'a pas vu* »*tout ce qu'il faisoit, mais il a fait tout ce que nous voyons.* »Le premier auteur de cette grande révolution qui étonne »l'Europe, et qui répand l'espérance chez les peuples et l'in- »quiétude dans les cours, c'est sans contredit Voltaire. C'est »lui qui, le premier, a fait tomber la plus formidable barrière »du despotisme, le pouvoir religieux et sacerdotal. *S'il n'eût* »*pas brisé le joug des prêtres, jamais on n'eût brisé le* »*joug des tyrans !* l'un et l'autre se tenoient si étroitement, »que le premier une fois secoué, le second devoit l'être »bientôt après. *C'est la pensée des sages qui prépare les* »*révolutions, c'est le bras du peuple qui les exécute.* » (*Mercure de France*, 7 août 1790.)

« Voltaire, » disoit encore le citoyen Gossin, dans un rapport fait à la convention, le 30 mai 1791, au nom du

comité de constitution, « Voltaire a *terrassé le fanatisme,*
» dénoncé les erreurs jusqu'alors idolâtrées de nos antiques
» institutions ; il a déchiré le voile qui couvroit toutes les
» tyrannies ; il avoit dit avant la constitution française, *Qui*
» *sert bien son pays n'a pas besoin d'aïeux.* Les serfs du
» mont Jura l'avoient vu ébranler l'arbre antique que vous
» avez déraciné... La nation a reçu l'outrage fait à ce grand
» homme, la nation le réparera ; et les Français devenus libres
» décerneront au *libérateur de la pensée* l'honneur qu'a reçu
» d'eux un des fondateurs de sa liberté... » Et sur ce rapport,
la convention, considérant tous les titres de Marie Arouet Voltaire à la reconnoissance de la nation, décréta la translation
solennelle de ses cendres dans le temple destiné à recevoir
les restes des grands hommes.

Pendant tout le règne de Buonaparte, il n'avoit pas été fait
une seule édition de Voltaire ; le public oublioit les œuvres
volumineuses du patriarche de la philosophie, confondues,
dans la poussière des bibliothèques, parmi tant d'autres
œuvres philosophiques, de même que son tombeau, caché
dans les caveaux du Panthéon, parmi les tombeaux de tant
d'autres grands hommes. Voltaire étoit passé de mode, et
le culte de cette idole du dix-huitième siècle diminuoit
de jour en jour : tant il est vrai qu'un gouvernement fort
entraîne toujours l'opinion publique. En 1814, il restoit
trois cents exemplaires des OEuvres de Voltaire de l'édition
de Kehl, qui furent vendus successivement avec perte par
plusieurs libraires, comme un fonds de magasin d'une dé-
faite difficile.

Le génie de Voltaire fut donc, pendant quinze ans, cour-
bé, ainsi que le génie de la révolution, sous l'épée de
Buonaparte. On les vit se relever ensemble, dès que la restauration eût brisé cette épée. Ici nous sera-t-il permis de trouver
étrange que les ministres du roi très chrétien se soient mon-
trés plus tolérants envers l'impiété, plus indifférents aux in-

térêts de la religion que la police de Buonaparte ? Et par quelle fatalité se fait-il que la légitimité, qui a emprunté tant de choses de l'usurpation, n'ait pas adopté sa politique prévoyante et ses mesures sévères contre les livres impies ?

Mais si le pouvoir n'a pas compris les intérêts de l'ordre social, la révolution a parfaitement entendu les siens; et les coupables espérances qu'elle fonde sur la propagation des écrits philosophiques devroient suffire pour ouvrir les yeux du gouvernement sur les périls qui menacent la monarchie. Depuis dix ans que la restauration a ouvert pour l'impiété l'ère de la licence, les livres irréligieux ont été multipliés plus qu'ils ne le furent dans tout le dernier siècle. Il n'existoit en 1814 que quatre éditions complètes de Voltaire; il en a été imprimé douze de 1817 à 1824; quatorze ou quinze se publient dans ce moment: telle est la proportion dans laquelle l'impunité accroît l'audace de la révolution, d'année en année.

On demandera peut-être où et comment ont pu s'écouler, dans un espace de temps si court, tant d'éditions qui présentent une masse si effrayante de volumes impies ? Pour répondre à cette question, il faudroit d'abord savoir pour combien Voltaire figure dans le budget annuel de ce gouvernement occulte, qui lève des impôts, qui recrute des soldats, qui se fortifie dans l'ombre, et qui attend le jour où, sortant de dessous terre, il n'aura qu'à souffler pour renverser un trône qu'on laisse miner dans ses fondements. De plus, rien n'a été oublié de la part des éditeurs; et après les progrès merveilleux de l'industrie dans ce siècle, on est forcé d'admirer encore l'art avec lequel les nombreuses réimpressions de Voltaire ont été calculées pour toutes les fortunes, pour tous les goûts. Il a été fait des éditions de luxe, et des éditions économiques; nous avons des *Voltaire* de tous les formats et de tous les prix; des *Voltaire compacts*, des *Voltaire Elzevirs*, les *Voltaire* de la *grande*, de la *moyenne* et de la *petite propriété*, le *Voltaire des chaumières*.

Ici nous croyons devoir citer deux faits dignes d'attention : le premier, qui est assez connu , c'est que, dans un très grand nombre d'ateliers de la capitale, les ouvriers se cotisoient toutes les semaines pour acheter et lire en commun le volume du Voltaire de la *petite propriété*, que le colonel *Touquet* publioit chaque dimanche, en mépris du jour du Seigneur ; le second, dont nous garantissons la vérité aux familles chrétiennes, dont la confiance est indignement trompée, c'est que dernièrement, le *Constitutionnel* ayant annoncé le Voltaire en deux volumes, comme une entreprise faite principalement dans l'intérêt des jeunes gens des colléges, qui pourroient désormais porter *les œuvres complètes de Voltaire* sous le bras, en allant à la promenade, de même que les séminaristes portent *leur bréviaire* ; cinquante jeunes impies qui appartiennent à une maison d'éducation de Paris, que nous ne nommerons pas, accueillirent cette idée avec tant de transport, qu'ils s'empressèrent tous de souscrire.

Une observation que nous ne devons pas omettre, et qui montre dans quel esprit de perversité ont été faites toutes les nouvelles éditions de Voltaire, c'est qu'elles renferment plusieurs pièces rejetées de toutes les anciennes éditions, entre autres, des vers si grossièrement obscènes , que les éditeurs de Kehl avoient jugé que les lecteurs pourroient en être révoltés , même après avoir lu *la Pucelle ;* et le prétendu *testament de Meslier*, dans lequel ce curé, de la création de Voltaire, demande pardon, en mourant, à ses paroissiens de les avoir trompés toute sa vie, leur déclare et cherche à prouver que la religion qu'il leur a prêchée n'est qu'*imposture, fanatisme* et *superstition*.

Ce n'est pas tout : comme Voltaire a tant écrit que toutes les classes de lecteurs ne peuvent pas se procurer ses œuvres complètes, quoi qu'on fasse pour en réduire le format ou pour en diminuer le prix, les éditeurs ont eu soin de détacher d'une collection trop volumineuse tout ce qui leur a paru le plus propre à atteindre le but qu'ils se proposent. Ainsi ils ont publié séparément : 1° la *Philosophie de Voltaire*, recueil des pièces les plus impies de cet écrivain, qui *a été traduit en espagnol*, et répandu à un très grand nombre d'exemplaires par les révolutionnaires d'Espagne, qui savent aussi combien la philosophie de Voltaire peut aider puissamment à renverser un trône; 2° *les Dialogues et entretiens philosophiques*, le livre le plus affreux peut-être sorti de la plume de Voltaire; l'ancien et le nouveau Testament, Jésus-Christ, les papes, le clergé, les sacrements, les mystères, tout revient dans ces dialogues, et tout est traîné dans la boue; et l'auteur tire cette conclusion, nous copions ses propres paroles : « Que la religion »chrétienne surpasse en démence les fables du paganisme; »qu'il faut la détruire comme on a détruit l'astrologie judiciaire, »la magie, la baguette divinatoire, etc.; que l'histoire de l'é- »glise est une suite continuelle de querelles, d'impostures, de »vexations, de fourberies, de rapines et de meurtres; que »l'abus est dans la chose, et qu'il faut couper par la racine un »arbre qui a toujours porté des poisons... »

OEuvres de Rousseau. Douze éditions des *œuvres complètes de Rousseau*, sept éditions de l'*Emile*, *dont deux en espagnol*, une édition particulière de la *Profession de foi du vicaire savoyard*, dix éditions du *Contrat social*, dont deux encore dans la langue et à l'usage du peuple espagnol, prouvent que la révolution ne juge pas Rousseau moins propre que Voltaire à servir ses projets.

Rousseau est en effet peut-être de tous les philosophes du dernier siècle celui qui a porté le coup le plus fatal à la monarchie, en persuadant au peuple que c'est en lui que la nature avoit placé la souveraineté, et que partout il étoit opprimé par le despotisme; que, comme il étoit le plus fort, il n'avoit qu'à vouloir pour recouvrer son indépendance; que pour reconquérir ce premier de tous les biens, tout lui étoit permis; qu'il n'y avoit aucune loi qui ne dût fléchir devant la

3.   2

volonté générale; « le peuple étant la seule autorité qui n'a pas besoin de raison pour valider ses actes. »

Le principe révolutionnaire que *l'insurrection est le plus saint des devoirs*, n'est qu'une traduction énergique et concise de ce passage du *Contrat social*, liv. I, chap. 1: « L'homme » est né libre, et partout il est dans les fers. Tant qu'un peuple »est contraint d'obéir et qu'il obéit, il fait bien; sitôt qu'il »peut secouer le joug et qu'il le secoue, il fait mieux.»

L'abolition de la noblesse, et la proscription des nobles, la violation de la propriété, avoient été préparées par le discours sur *l'inégalité des conditions;* il n'est pas un mot dans la déclaration des droits de l'homme qui ne se trouve dans les écrits du citoyen de Genève.

Rousseau avoit dit, *Contrat social*, liv. IV, chap. VIII: « On doit » tolérer toutes les religions qui tolèrent les autres; mais qui- »conque ose dire, Hors de l'église point de salut, doit être » chassé de l'état.» Et la révolution qui a toléré, professé même successivement toutes les erreurs, jusques et y compris l'athéisme, a porté contre la religion seule véritable des édits de proscription et de mort dignes de Néron et de Dioclétien.

Ainsi la révolution tout entière, avec ses actes destructeurs et ses lois de sang, semble être sortie des écrits de Rousseau. Il y auroit un commentaire très complet et fort curieux à faire des œuvres de ce philosophe avec les discours des législateurs de 89, des constitutionnels de 91, des républicains de 92, et des niveleurs de 93. Mallet Dupan rapporte, dans son *Mercure britannique*, qu'il rencontra Marat en 89, lisant dans les promenades publiques et expliquant le *Contrat social* à une foule révolutionnaire qui l'entouroit.

Nous ne pouvons nous empêcher de faire ici une triste réflexion. De nos jours la religion, qui explique seule aux hommes le devoir d'obéir, en faisant dériver de Dieu le droit de commander, est bannie de la plupart de nos écoles, et les idées d'anarchie et d'indépendance semblent naître et se développer dans le premier âge de la vie, comme les fruits naturels d'une impiété précoce. Des écoliers de quinze ans discutent des droits et des devoirs avec une maturité de raison qui étonne ; ils savent que l'homme est né libre, qu'il n'est obligé de plier sous des institutions qui l'oppriment que tant qu'il n'a pas la force de les briser : ils appliquent de temps à autre ces principes, et par les révoltes qui troublent les colléges, ils font comme un *essai* de la révolution qu'ils se croient appelés à opérer un jour dans la société. Qui ne trembleroit pour l'avenir en songeant à l'effet que doit produire sur une jeunesse ainsi disposée la métaphysique séditieuse et l'éloquence entraînante de Rousseau ?

Il y a en vérité dans l'aveuglement des hommes qui ont gouverné la France depuis dix ans quelque chose d'inexplicable. Que les ministres de Louis XV et de Louis XVI n'aient vu dans Voltaire que l'écrivain le plus spirituel de son siècle, qui amusoit sans péril une nation frivole; dans Rousseau, qu'un philosophe dont les plans imaginaires ne seroient pas plus réalisés que la république de Platon, cela se conçoit; des plaisanteries ne paroissoient pas devoir renverser le trône de Charlemagne et de saint Louis, et on pouvoit croire que la nation française n'abandonneroit pas pour le *Contrat social* une constitution que protégeoient les souvenirs de quatorze siècles. Mais après que la révolution a prouvé qu'une nation à qui l'on permet de rire de tout, finit par tout détruire; qu'il y a dans le peuple une logique terrible, et que son bras ne s'arrête que lorsqu'il a réalisé toutes les conséquences des principes qui ont égaré sa raison, quelle excuse peut justifier les ministres de Louis XVIII et de Charles X, qui ont permis que les générations naissantes s'empoisonnassent aux mêmes sources où leurs pères ont puisé la mort?

ÉDITIONS DES OUVRAGES DES PRINCIPAUX ÉCRIVAINS IRRELIGIEUX DU XVIIIe SIÈCLE,

PUBLIÉS A PARIS DEPUIS ET COMPRIS LE MOIS DE FÉVRIER 1817 JUSQU'AU 31 DÉCEMBRE 1824.

AUTEURS.	ÉDITEURS.	TITRE DES OUVRAGES.	DATE de la publication.	NOMBRE des exemplaires.	NOMBRE des volumes.
Helvétius.	Ve Lepetit.	Œuvres complètes, 3 vol. in-8°.	4 avril 1813.	2,000	6,000
Id.	Dupont.	De l'Esprit, 2 vol. in-18.	15 sept. 1822.	2,000	4,000
Diderot.	Belin.	Œuvres complètes, 12 vol. in-8°.	14 mars 1817 au 20 mars 1819.	1,200	14,400
Id.	Brière.	Id., 20 vol. in-8°.	31 oct. 1821 au 4 juin 1823.	1,500	30,000
Id.	C. Taillard.	La Religieuse, in-18.	7 juin 1822.	3,000	3,000
Id.	André de Coulomm.	Id., in-12.	20 novembre.	1,000	1,000
Id.	C. Taillard.	Jacques le fataliste, in-18.	18 juin.	1,000	1,000
Raynal.	Didot jeune.	Histoire philosophique, 10 vol. in-8°.	1er décembre au 4 avril 1822.	1,500	15,000
Id.	Polantru.	Des peuples et des gouvernements, in-18.	15 nov. 1822.	1,000	1,000
Saint-Lambert.	Pélafol.	Œuvres complètes, 2 vol. in-18.	4 mai.	1,000	2,000
Id.	Mesnard et Desenne.	Id., 2 vol. in-18.	9 janvier 1824.	1,500	3,000
Condorcet.	Masson.	Des progrès de l'esprit humain, in-8°.	24 mai 1822.	1,500	1,500
Id.	Fain.	Id., in-18.	22 mai.	2,000	2,000
Id.	C. Chantpie.	Id., in-18.	1er février 1823.	2,000	2,000
Id.	Bossanges.	Id., in-18 (en espagnol).	3 février.	2,000	2,000
D'Holbach.	Lemonnier.	Système de la nature, 2 vol. in-8°.	23 février 1820.	1,000	2,000
Id.	Ledoux.	Id., 2 vol. in-8°.	31 octobre 1821.	1,500	3,000
Id.	Domerc.	Id., 4 vol. in-18.	12 juillet 1822.	1,500	6,000
Id.	Bossanges.	Id., 4 vol. in-18 (en espagnol).	8 août..	1,000	4,000
Id.	Niogret.	Système social, 2 vol. in-18.	30 septembre.	1,000	2,000
Id.	Masson.	La morale universelle, 3 vol. in-8°.	31 août 1820.	1,500	4,500
Id.	Niogret.	Essais sur les préjugés, in-18.	21 mai 1822.	2,000	2,000
Id.	Bossange.	La contagion sacrée, 2 v. in-18 (en espag.).	23 janvier.	1,000	2,000
Dupuis.	Auguis.	Origine des cultes, 7 vol. in-8°.	15 juillet 1822 au 28 décembre.	1,000	7,000
Id.	Bossange.	Abrégé de l'origine des cultes, in-8°.	5 sept. 1820.	1,500	1,500
Id.	Id.	Id., in-8°.	7 novembre.	1,500	1,500

AUTEURS.	ÉDITEURS.	TITRE DES OUVRAGES.	DATE de la publication.	NOMBRE des exemplaires.	NOMBRE des volumes.
Id.	Lécrivain.	Id., in-18.	1er mai 1822.	2,000	2,000
Id.	Chassériau.	Id., in-18.	28 mai.	3,000	3,000
Id.	Moreau.	Id., in-18.	17 octobre.	2,000	2,000
Id.	Tastu.	Id., in-18.	16 nov. 1822.	2,000	2,000
Id.	Bossange.	Id. (en espagnol), 2 vol. in-18.	20 août.	2,000	4,000
Volney.	Ve Courcier.	Les Ruines, cinquième édition, in-8°.	17 avril 1817.	1,000	1,000
Id.	Id.	Id. (en espagnol), in-12.	29 avril.	1,000	1,000
Id.	Beaudouin.	Id., 7e édit., in-18.	16 mars 1820.	2,000	2,000
Id.	Cellot.	Id. (en anglais), in-18.	22 juillet.	1,500	1,500
Id.	Id.	Id., in-18, 9e édit.	7 décembre.	3,000	3,000
Id.	Id.	Id., in-18, 10e édit.	15 sept. 1821.	3,000	3,000
Id.	F. Didot.	Id., in-18, 11e édit.	21 novembre.	1,000	1,000
Id.	Id.	Id., in-18. 12e édit.	9 février.	1,000	1,000
Id.	Cellot.	Id., in-12, 13e édit.	23 novembre.	6,000	6,000
Id.	Migneret.	Id., in-18, 14e édit.	16 mai 1823.	3,000	3,000
Id.	Bossange.	Œuvres complètes, 7 vol. in-8°.	1er janvier 1821 au 24 juillet.	1,000	7,000
Destutt-Tracy.	Courcier.	Eléments d'idéologie, in-8°.	27 mai 1817.	1,500	1,500
Id.	Id.	Id., in-4°.	10 juillet.	1,000	1,000
Id.	Desoër.	Commentaire sur l'esprit des lois, in-18.	27 mai 1822.	1,500	1,500
Id.	Bellegarigue de Toul.	Id., in-12 (en espagnol).	7 décembre.	1,000	1,000
Id.	Ve Dabo.	Id., in-18.	24 mai.	3,000	3,000
Id.	Tastu.	Eléments d'idéologie, in-18.	27 déc. 1823.	2,000	2,000
Montesquieu.	Didot.	Lettres persanes, 3 vol. in-8°.	24 juin 1820.	1,500	4,500
Id.	Mesnard et Desenne.	Id., 2 vol. in-18.	31 août.	1,500	3,000
Id.	Id.	Id., in-12.	28 février 1823.	1,000	1,000
Id.	Debure.	Id., 2 vol, in-32.	10 août 1824.	2,000	4,000
Marmontel.	Mesnard et Desenne.	Bélisaire, in-12.	13 juillet 1818.	1,000	1,000
Id.	Lebègue.	Id., in-12.	28 avril 1820.	1,000	1,000
Id.	Smith.	Id., en portugais,	24 mai.	1,000	1,000
Id.	Bossange.	Id., in-32.	1er mai 1822.	4,000	4,000
Id.	Tramblay, à Senlis.	Id., in-18.	19 mai 1824.	1,500	1,500
Fréret.	Masson.	Apologistes de la religion chrétienne, 12.	12 nov. 1822.	2,000	2,000
Id.	Laval, à Bordeaux.	Id. (en espagnol), in-12.	19 novembre.	2,000	2,000
Id.	Id.	Id., in-12 (en espagnol).	20 novembre.	1,000	1,000
Id.	Béraud.	Id., in-18.	22 novembre.	2,000	2,000
Sieyès.	Guiraudet.	Qu'est-ce que le tiers état, in-8°.	27 novembre.	1,000	1,000
Th. Payne.	Poulet.	Le sens commun, in-8°.	31 août.	3,000	3,000
				108,700	207,900

Œuvres d'Helvétius. Elles comprennent, 1° *le livre de l'Esprit*, de tous les livres celui qui remplit le moins son titre, puisque l'auteur ne voit partout que la matière ; 2° *le livre de l'Homme*. Helvétius ne donne pas d'autre base de la morale que le plus abject égoïsme. L'homme ne diffère de l'animal que parcequ'il a des mains, et, comme la brute, il accomplit tous ses devoirs en obéissant à son instinct et à ses besoins. La distinction du juste et de l'injuste n'est qu'un préjugé, le remords qu'une vaine terreur, les rapports sociaux, l'amitié, l'amour de la patrie et de ses parents, qu'une affaire d'intérêt. Helvétius justifie la haine même d'un enfant envers son père ou sa mère qui s'opposent à ses plaisirs. Les ouvrages d'Helvétius, condamnés par la Sorbonne et par le parlement, firent rougir les philosophes eux-mêmes ; et le marquis d'Argens, juge non suspect, ne croyoit pas qu'on pût trop s'élever contre « cette philosophie désastreuse qui, la hache à la main, le » bandeau sur les yeux, abat, renverse, détruit tout, et n'élève » rien ; qui, dans son délire impie fait son Dieu de la matière, » ne distingue l'homme d'avec la brute que par les doigts, et » pour le perfectionner le renvoie disputer aux animaux le » gland dans les forêts. » Les nouveaux éditeurs n'en ont pas jugé ainsi, et à la tête de l'édition in-18 du livre *de l'Esprit*, on lit cet impudent avis : « Voici une nouvelle édition d'un » livre qui a été CENSURÉ PAR LA SORBONNE, et CONDAMNÉ PAR LE » PARLEMENT. » La Sorbonne n'existe plus pour venger ses censures, mais les cours royales feroient bien peut-être, ne fût-ce que pour l'honneur de la magistrature, de faire respecter les arrêts des parlements.

Œuvres de Diderot. Tour à tour déiste et athée, le plus fanatique, le plus fougueux des impies du dernier siècle, Diderot a mis dans ses déclamations contre Dieu, contre les prêtres, les rois, tant d'emportement, tant de délire, qu'on auroit pu ne voir en lui qu'un fou sans conséquence, si l'expérience n'avoit pas appris les conséquences que peuvent entraîner de pareilles folies. Le fanatisme féroce des septembriseurs et des satellites de Robespierre ne permet pas de rire de ces vers extravagants de Diderot :

> Et mes mains ourdiroient les entrailles des prêtres,
> A défaut d'un cordon pour étrangler les rois.

Dithyrambe sur la liberté, composé pour le jour des Rois.

Et la convention a prouvé aux Rois à quoi ils s'exposent en laissant imprimer des maximes telles que celle-ci :

« Quelque autorisés que soient les chefs des nations, ce ne » sont toujours que *des commis des peuples.* Quelque fou que » soit le peuple, il est *toujours le maître.* C'est sa voix qui » *élève certaines têtes,* et qui les *rabaisse,* ou qui LES COUPE !!» *Réflexions de Diderot sur un ouvrage intitulé: Représentation des Citoyens de Genève.*

Est-il croyable que des livres où se trouvent écrits à chaque page d'aussi épouvantables principes se vendent impunément depuis la RESTAURATION, et soient affichés partout, et sur la place même où fut dressé l'échafaud de Louis XVI !

Il existe deux romans de Diderot, la *Religieuse,* et *Jacques le fataliste,* où l'impiété la plus effrontée se trouve mêlée à un cynisme si dégoûtant, que l'athée Naigeon, l'ami, le disciple et l'admirateur de Diderot, nous apprend qu'il en fit des reproches à ce philosophe. « Je pense, dit Naigeon, que pour la » gloire de Diderot il auroit fallu jeter au feu les trois quarts de » *Jacques le fataliste,* et que les règles inflexibles du goût et » de l'honnêteté en imposoient impérieusement le devoir à l'a- » nonyme qui, le premier, a publié ce roman.». M. Z..., du *Journal des Débats,* s'est montré moins sévère que l'athée Naigeon envers Diderot et ses éditeurs; il n'a pas cru que le goût ni l'honnêteté publique pussent s'offenser de la réimpression des œuvres complètes de ce philosophe.

L'éditeur de la *Religieuse,* cet autre roman de Diderot déclaré *infâme* par Naigeon, est un certain Constant Taillard, qui nous apprend dans son avant-propos qu'il a cru devoir faire réimprimer cette production piquante de Diderot « pour » l'amusement des étudiants en droit, qui se rassembloient, au » nombre de deux à trois cents, dans un cabinet de lecture » dont il étoit directeur. » Et la police a souffert que des hommes déhontés fissent métier public de pervertir les générations naissantes en leur offrant de pareils amusements !

HISTOIRE PHILOSOPHIQUE DE RAYNAL. On sait que *l'Histoire philosophique* de l'abbé Raynal n'est qu'un cadre dans lequel Diderot a inséré, en vertu d'un marché fait avec l'auteur, dont La Harpe atteste avoir vu l'acte authentique, toutes les invectives contre les rois et contre la religion qu'a pu inspirer à cet insensé une fureur qui étoit devenue une véritable maladie. Pour faire apprécier cet ouvrage à ceux qui ne le connoissent pas, nous citerons au hasard un petit nombre de passages :

« Ceux qui gouvernent sont trop accoutumés à ne regarder » les hommes que comme des esclaves courbés par la nature, » tandis au'ils ne le sont que par l'habitude. Prenez garde qu'ils » ne se redressent avec fureur, et ne les faites pas souvenir qu'ils » ont le droit de commander. » (Liv. XVIII.)

« On se délivre de l'oppression d'un tyran, ou par l'expul- » sion, ou *par la mort*. Le consentement des aïeux ne peut pas » obliger les descendants, et la liberté ne s'échange pour » rien. » (*Ibid.*)

« Dès que l'esclave du despotisme auroit brisé sa chaîne et » commis son sort à la décision du glaive, il seroit forcé de » *massacrer son tyran*, et d'en *exterminer la race et la posté-* » *rité*. S'il osoit moins, il seroit tôt ou tard puni de n'avoir été » courageux qu'à demi. » (*Ibid.*)

« Sous un despote ce n'est que terreur, bassesse, flatterie, » superstition. Cette situation intolérable cesse, ou par *l'assas-* » *sinat du tyran*, ou par la dissolution de l'empire, et la dé- » mocratie s'élève sur ce cadavre. Alors pour la première fois le » nom sacré de patrie se fait entendre. » (Liv. XIX.)

Comme toutes les tirades impies, tous les appels à la **révolte** dont est remplie l'*Histoire philosophique*, disséminés dans huit vol. in-8° d'une lecture fatigante, perdoient nécessairement de leur effet, les éditeurs de Raynal ont cru devoir les rassembler dans un seul volume, qu'ils ont publié sous ce titre : *Des peuples et des gouvernements*. Leur but, ainsi qu'ils veulent bien nous l'apprendre eux-mêmes dans leur avertissement, a été de présenter à toute sorte de lecteurs *un cours complet de morale applicable à tous les peuples*. Ainsi ils ne se donnent pas la peine de dissimuler leurs projets ni leurs espérances ; ce ne sont pas de vaines théories, des plans destinés à rester dans les livres qu'ils publient ; ils comptent bien qu'on les *appliquera* une seconde fois. Et pourquoi pas? est-ce que la même audace de la part des impies et la même tolérance dans les gouvernements ne doivent pas finir de toute nécessité par produire les mêmes effets. Or, il est à croire que si les *peuples brisent de nouveau leur chaîne*, et *s'ils commettent encore leur sort à la décision du glaive*, ils se souviendront du conseil terrible que leur donne Raynal, dans un passage que nous citions tout à l'heure; qu'ils *oseront tout*, pour ne pas *être punis* une seconde *fois de n'avoir été courageux qu'à demi*.

ESQUISSE D'UN TABLEAU HISTORIQUE DES PROGRÈS DE L'ESPRIT HUMAIN, *par* CONDORCET. Condorcet, disciple de Voltaire, fut d'abord un des acteurs les plus fanatiques, et depuis une des victimes de la révolution, dans laquelle il ne voyoit que le triomphe de son maître. Sa philosophie, atroce autant qu'impie, se déguisoit sous les apparences de la bonhomie et de la douceur, ce qui le faisoit appeler, comme Grimm le rapporte, dans la société de ses meilleurs amis, *le mouton enragé*. Il a porté le même caractère dans ses écrits; dans son *Tableau historique*, il n'a l'air de rêver que le perfectionnement de l'espèce humaine; mais c'est dans le sang des prêtres et des rois qu'il prétend la régénérer. « Il arrivera, dit-il, » ce moment où le soleil n'éclairera plus sur la terre que des

» hommes libres, ne reconnoissant d'autre maître que la rai-
» son ; où les tyrans et leurs esclaves, les prêtres et leurs stu-
» pides ou hypocrites instruments, n'existeront plus que dans
» les livres ou sur les théâtres. » (Édition de Brissot-Thivars,
pag. 264.)

Cet ouvrage, qui n'est que le rêve dangereux d'un révolutionnaire et d'un athée, a été loué par *le Constitutionnel*
comme un *code classique de la raison*, comme un *manuel
qu'on devroit mettre dans les mains de toute la jeunesse
françoise*. Il en a été fait quatre éditions, *dont une en espagnol*, en 1822 et en 1823.

ŒUVRES DE D'HOLBACH. Le baron d'Holbach, appelé par Galiani
le premier maître d'hôtel de la philosophie, avoit fait de sa
maison, que Diderot désigne souvent dans ses écrits sous le
nom de *la synagogue de la rue Royale-Saint-Roch*, le ren-
dez-vous des philosophes les plus impies et les plus fougueux
du dernier siècle ; et il leur faisoit payer ses dîners, comme
nous l'apprend Rousseau, par des emportements et des bru-
talités que la fierté du philosophe de Genève ne supporta pas
long-temps. D'Alembert et Buffon rompirent aussi de bonne
heure leurs liaisons avec cette société ; les habitués les plus
fidèles de la maison d'Holbach furent Helvétius, Diderot, Naigeon, Raynal. Il paroît qu'ils travaillèrent en commun à
plusieurs ouvrages, le *Système de la nature*, le *Système social*, la *Morale universelle*, l'*Essai sur les préjugés*, etc.;
toutes productions dignes de ce club d'athées.

Lorsque le *Système de la nature*, le premier livre où l'a-
théisme osa se montrer dans sa hideuse nudité, fut publié, la
plupart des incrédules s'unirent aux amis de la religion pour
le flétrir. Voltaire écrivit contre ce livre, pour sauver l'honneur de la philosophie, et Frédéric crut devoir le réfuter dans
l'intérêt des trônes. « J'ai été aussi affligé qu'indigné, écrivoit
» D'Alembert au roi de Prusse, de l'incroyable sottise et dé-
» mence de cet auteur. » Quel progrès nous avons fait depuis

dix ans, puisque les *sottises* et les *démences* que le dernier siècle repoussoit sont accueillies de nos jours, et qu'il s'est écoulé QUATRE ÉDITIONS d'un livre dont l'impiété révoltoit Voltaire et D'Alembert ! On rencontre cependant dans le *Système de la nature* un passage qui renferme une leçon utile pour les rois : « Partout la morale et la politique se trouvent liées au système »religieux. C'est ainsi que les nations sont tenues par leurs »tuteurs dans une enfance perpétuelle, et ne sont contenues »que par de vaines chimères. Quand donc on voudra s'occu- »per utilement du bonheur des hommes, c'est *par les dieux »du ciel que la réforme* doit commencer. »

L'*Essai sur les préjugés*, que d'*Holbach* et *Naigeon* pu- blièrent, pour ne pas se compromettre, sous le nom de *Dumar- sais*, fut imprimé l'an 1ᵉʳ de la république, avec un discours préliminaire, où l'impiété se montre plus insolente que dans l'ouvrage même envers Dieu et envers les rois. Nous n'en cite- rons que ces deux passages :

« Les prêtres ont dénaturé les idées morales au point de »faire regarder comme le plus grand des crimes ce que les »Grecs et les Romains regardoient comme une vertu, comme »un devoir, le meurtre des tyrans. » (P. 11.)

« Environnez-vous, tyrans, de vos nombreux satellites ; la »vérité se fera jour au milieu d'eux ; elle vous atteindra sur »vos trônes pour vous en précipiter... *Pas de rois, pas de »prêtres*, ce cri de la raison et de la liberté se fera entendre »d'un pôle à l'autre : il sera répété du Mexique au Japon. »Délivré de ces deux fléaux, le monde n'offrira plus qu'un »peuple de frères. » (P. 25.)

Ce *discours préliminaire* fut supprimé dans une édition de l'*Essai sur les préjugés*, publiée en 93 par Desray. Le li- braire Niogret a cru que l'impiété pouvoit être plus hardie en 1822 ; il a rétabli le *discours préliminaire*, et le *Constitu- tionnel* a recommandé cette nouvelle édition à ses lecteurs, comme une *réimpression des plus utiles*, comme un *vérita-*

ble service rendu aux amis de la philosophie, l'Essai sur les préjugés étant devenu extrêmement rare.

Origine de tous les cultes, ou *la Religion universelle*, par Dupuis. Dans la préface de son *Dictionnaire de la fable*, ouvrage adopté par l'université, M. Noel, *inspecteur général des études*, s'exprime ainsi sur Dupuis : « On verra plus d'une » fois dans le cours de ce lexique ce que je pense du *savant* » *Dupuis*; et rien ne m'est plus doux que de rendre un juste » hommage, dans ce moment, à un de mes anciens collègues » et à un excellent citoyen. Personne, sans doute, n'a porté » *un plus grand jour dans ces anciennes et mystérieuses té-* » *nèbres;* et si quelqu'un peut se flatter *d'avoir entièrement* » *levé le voile,* c'est assurément celui qui a su *chercher et* » *trouver dans l'Empyrée la clef de tout le système mytholo-* » *gique.* »

Que sur la foi d'un livre, que l'université a mis au rang des livres classiques, que sur l'imposante autorité d'un écrivain qui occupe une des premières places de l'instruction publi-que, un jeune homme soit curieux de connoître les décou-vertes précieuses que *Dupuis* a faites en matière de religion, et de savoir tout ce qui, avant lui, étoit caché derrière *un voile qu'il a entièrement levé,* que lui apprendra ce *savant* auteur, cet *excellent citoyen ?* Que toutes les religions ne sont que des fictions allégoriques, puisées dans les divers phénomè-nes célestes; que Jésus-Christ n'est que le soleil, les apôtres, les douze signes du zodiaque, et enfin que *la croyance d'un Dieu, séparé du monde et cause du monde, est d'une date très récente dans l'histoire des opinions religieuses.* Il trouvera dans *l'Origine des cultes,* sur l'Eucharistie, sur la confession, sur tous nos mystères les plus adorables, des plai-santeries sacriléges, des obscénités révoltantes, que la plume d'un athée pouvoit seule écrire. *Dupuis* ne le fera pas pénétrer moins avant dans les ténèbres de la politique que dans les té-nèbres de la religion; il lui dira, « que c'est à l'ombre des

» autels et des trônes que croissent les vices ; aussi les prêtres
» et les rois sont-ils unis contre les gouvernements républicains,
» dont le sort est ou d'écraser les vices ou d'en être écrasés ; tan-
» dis que la religion et la monarchie s'appuient sur eux.....
» Qui peut compter sur la liberté de son pays , quand il y reste
» un prêtre ?.... La liberté et la raison ne sauroient s'allier
» avec leurs maximes ; comme les Harpies , ils salissent tout ce
» qu'ils touchent.... »

Il a été fait sept éditions de l'*Abrégé de l'origine des cultes*,
dont *une en espagnol*, de 1820 à 1822.

Les Ruines de Volney. Volney est mort il y a quelques an-
nées ; l'éloge de cet impie, prononcé devant la chambre des
pairs, a été imprimé à la tête de toutes les nouvelles éditions
du livre des *Ruines :* ainsi l'athéisme s'est présenté à la jeunesse comme couvert de la protection du premier corps de l'é-
tat. Ce n'est pas tout : Volney, bravant jusque sur les bords de
la tombe le Dieu dans les mains duquel il alloit tomber,
laissa par son testament une somme de quatre-vingt mille
francs pour propager le livre des *Ruines ;* et on assure qu'un
noble personnage a exécuté les dernières volontés de cet athée
avec une religieuse fidélité. Onze éditions de ce livre impie
ont été données, plutôt que vendues , au public, depuis 1817.
Il a été traduit en anglais et en *espagnol*.

Volney n'a fait que renfermer dans les étroites dimensions d'un
volume in-18 le même système que Dupuis a noyé en neuf volumes d'une fatigante érudition. Le style de cet écrivain, par ses
défauts mêmes, exerce beaucoup de séduction sur les jeunes
imaginations. Peu de livres ont plus contribué à pervertir nos
écoles. Il faudroit l'analyser tout entier pour donner une idée de
toutes les horreurs qu'il renferme. L'auteur dit en propres termes : « que Dieu n'est qu'un être *abstrait et chimérique , une*
» *subtilité scolastique, un vrai délire de l'esprit. La crainte*
» *et l'espoir furent le principe de toute idée de religion.*
» (Pag. 179.) L'Évangile dans ses préceptes et ses paraboles

» ne représente jamais Dieu que comme un *despote* sans règle
» d'équité.... Partout c'est une morale *mysánthropique*, *an-*
» *tisociale*... (Pag. 245.) O scélérats monarques ou ministres,
» qui vous jouez de la vie et des biens des peuples !... Eh ! quoi !
» il ne s'élèvera pas sur là terre des hommes qui vengent les
» peuples, et punissent les tyrans. O peuples avilis, connoissez
» vos droits ! Toute autorité vient de vous, toute puissance est
» la vôtre. Vainement les rois vous commandent de *par*
» *Dieu* et de *par leurs lances,* soldats, restez immobiles....
» (Pag....) »

OEUVRES DE SAINT-LAMBERT. Son *Catéchisme universel,*
tombé en naissant, fut tiré de son obscurité par l'institut, qui
lui décerna un prix décennal, comme au livre le plus propre
à remplacer la morale de l'Évangile, et *à suffire aux hommes*
de tous les états de la société, et dans tous les âges de la vie.
Saint-Lambert définit l'homme, *une masse organisée qui*
reçoit l'esprit de tout ce qui l'entoure, et de ses besoins.
Le livre tient tout ce que promet une pareille définition ; ce
n'est qu'un code de morale athée, à l'usage des libertins.

OEUVRES DE DESTUTT-TRACY. Ses *Éléments d'idéologie* sont
un livre trop inintelligible, trop ennuyeux pour faire beaucoup
de mal. Son *Commentaire sur l'Esprit des lois* est plus clair ;
et aussi l'auteur, devenu pair de France, a publié trois nouvelles éditions, dont *une en espagnol,* de ce livre qu'il com-
posa pour s'acquitter de ses devoirs de citoyen envers la *répu-*
blique française.

M. Destutt-Tracy établit le principe que tous les pouvoirs
émanent de la volonté souveraine du peuple, qui peut toujours changer la forme de son gouvernement, lorsqu'il le croit
utile ; juger ou punir ses magistrats ou ses rois, lorsqu'ils ont
abusé de leur autorité. Il soutient qu'en abolissant la royauté,
l'assemblée législative ne fit que *proclamer le vœu national;*
la royauté héréditaire est, suivant lui, la plus dangereuse des

institutions ; bien plus : *espérer liberté et monarchie, c'est prétendre concilier deux choses dont l'une exclut l'autre.*

A l'égard de la religion, il dit en propres termes, « que » moins les idées religieuses ont de force dans un pays, plus » on y est heureux, vertueux, paisible et libre ; que tant que » les prêtres ont quelque crédit dans un état, il ne faut y comp- » ter ni sur la liberté , ni même sur une oppression paisible.»

EXAMEN CRITIQUE DES APOLOGISTES DE LA RELIGION CHRÉTIENNE. Cet ouvrage, attribué faussement à Fréret, est de tous les livres écrits dans le dernier siècle contre la religion celui qui est le plus capable peut-être d'imposer à l'ignorance, par un artifice de raisonnement et un charlatanisme d'érudition peu communs ; aussi en a-t-on publié en 1822 quatre éditions, *dont deux en espagnol.*

QU'EST-CE QUE LE TIERS-ÉTAT, PAR SIEYES. Pamphlet séditieux, qui parut en 89, et dans lequel se trouvent développées toutes les conséquences du principe de la souveraineté du peuple.

LE SENS COMMUN, par *Payne.* C'est un extrait de l'ouvrage volumineux de *Th. Payne,* que l'on a imprimé dans l'intention, disent les éditeurs, d'importer en France *quelques idées saines,* qu'il est utile de propager. Et voici *des idées saines,* contenues dans ce livre : » La royauté est une institution funeste au genre humain ; *l'hérédité* est une violation de plus faite aux droits sacrés des peuples ; la constitution d'Angleterre est radicalement nulle, parceque la monarchie y empoisonne la république. »

ROMANS IMPIES, IMMORAUX, OBSCÈNES,

DE PIGAULT-LEBRUN,

RÉIMPRIMÉS A PARIS, PAR LE LIBRAIRE BARBA,

DEPUIS ET Y COMPRIS LE MOIS DE MAI 1817, JUSQU'AU 31 DÉCEMBRE 1824.

TITRES des OUVRAGES.	DATES de la publication.	NOMBRE des volumes de chaque ouvrage.	NOMBRE des exemplaires.	NOMBRE des volumes.
Une Macédoine.	22 mai 1817.	4 vol. in-12.	1,000	4,000
Id.	19 nov. 1821.	4 vol. in-12.	1,000	4,000
Tableaux de société.	30 sept. 1817.	4 vol. in-12.	2,000	8,000
Le Garçon sans souci.	7 octobre 1817.	2 vol. in-12.	3,000	6,000
Id., 2e édition.	14 mars 1818.	2 vol. in-12.	3,000	6,000
Jérôme.	16 mars 1818.	4 vol. in-12.	1,000	4,000
Id., 2e édition.	12 août 1823.	4 vol. in-12.	1,500	6,000
La famille Luceval.	23 mai 1818.	4 vol. in-12.	1,000	4,000
Id., 2e édition.	19 février 1819.	4 vol. in-12.	1,000	4,000
Monsieur Botte.	29 mai 1818.	4 vol. in-12.	1,000	4,000
Id., 2e édition.	19 nov. 1821.	4 vol. in-12.	1,000	4,000
L'Homme à projets.	12 janvier 1822.	4 vol. in-12.	1,000	4,000
M. de Roberville.	Id.	4 vol. in-12.	1,000	4,000
Id., 2e édition.	6 août 1824.	4 vol. in-12.	1,000	4,000
La Folie espagnole.	12 janvier 1822.	4 vol. in-12.	1,000	4,000
Adèle et d'Abligny.	Id.	1 vol. in-12.	1,000	1,000
Théodore et les Péruviens.	Id.	1 vol. in-12.	1,000	1,000
Mon oncle Thomas.	Id.	4 vol. in-12.	1,000	4,000
Id. (en espagnol).	24 janvier 1822.	2 vol. in-18.	1,000	2,000
L'Enfant du carnaval.	14 janvier.	3 vol. in-12.	1,000	3,000
Id. (en espagnol).	23 juillet.	2 vol. in-18.	1,500	3,000
Id. (en espagnol).	18 novembre.	4 vol. in-18.	1,000	4,000
Les barons de Felsheim.	17 avril 1824.	4 vol. in-12.	1 000	4,000
Id., 2e édition.	18 mai.	4 vol. in-12.	1,500	4,000
OEuvres complètes.	24 juin 1822 au 6 déc. 1824.	20 vol. in-8°.	1,500	30,000
		TOTAL...	32,000	128,000

Arrivés à la partie la plus pénible du travail dans lequel nous nous sommes engagés , nous avons reculé devant le tableau dégoûtant qui nous restoit à retracer; et comment salir les pages d'un ouvrage religieux de la hideuse nomenclature de tant de romans obscènes, de tant de livres licencieux, dont le titre seul est souvent une insulte à la pudeur ? En comptant les éditions du plus immoral de nos écrivains , faites par un seul libraire, nous n'avons voulu que fournir un terme de comparaison , et donner la base d'un calcul approximatif que tous nos lecteurs pourront faire eux-mêmes.

Pigault-Lebrun est peut-être le plus pervers, le plus effronté des écrivains de ce siècle. Le libertinage , dans ses romans, parle le langage des mauvais lieux, l'impiété y est poussée jusqu'à l'athéisme. On y trouve une foule de passages tels que ceux-ci :

« La matière est éternelle; c'est la terre qui par son énergie » a produit l'homme et tout être vivant.

» Qu'il est coupable le souverain qui provoque une guerre » injuste! Et cette main vengeresse à laquelle il feint de croire » ne s'appesantit pas sur lui. *Cette main n'est donc qu'une* » *chimère,* qu'on oppose au foible et que brave le fort.»

La plupart des romans de Pigault-Lebrun étoient proscrits par la police de Buonaparte; un seul a été condamné par les tribunaux du roi, et ce n'est pas le plus infâme.

LIVRES SPÉCIALEMENT COMPOSÉS POUR LA JEUNESSE ACTUELLE,

ET PUBLIÉS A PARIS DEPUIS LE MOIS DE SEPTEMBRE 1817 JUSQU'AU 31 DÉCEMBRE 1824.

NOMS des auteurs.	NOMS des éditeurs.	TITRES DES OUVRAGES.	DATES de la publication.	NOMBRE des exemplaires.	NOMBRE des volumes.
Louis Llorente.	Treuttel et Wurtz.	Histoire critique de l'inquisition, 4 v. in-8°.	10 sept. 1817.	1,000	4,000
Id.	Id.	*Id.*, 2e édit.	18 août 1817.	1,500	6,000
Id.	Id.	*Id.*, 3e édit.	18 juin.	1,000	4,000
Id.	Id.	Histoire de l'inquisition, 10 vol. in-18 (en espagnol).	17 juillet 1822.	2,500	2,500
Id.	Bechet.	Portrait politique des papes, 2 vol. in-8°.	3 octobre.	1,500	3,000
L. Gallois.	Chasseriau.	Histoire abrégée de l'inquisition, 1 v. in-18.	5 décembre.	2,000	2,000
Id.	Id.	*Id.*, 2e édit.	4 août 1823.	2,000	2,000
Id.	Id.	*Id.*, 3e édit.	28 déc. 1823.	2,000	2,000
Id.	Id.	*Id.*, 4e édit.	17 mai 1824.	1,500	1,500
Anonyme.	Tousons.	Histoire de l'esprit révolutionnaire des nobles, 2 vol. in-18.	7 avril 1818.	2,000	4,000
Colin de Plancy.	Id.	Dictionnaire féodal, 2 vol. in-8°.	3j uillet 1819.	1,500	3,000
Id.	Id.	Dictionnaire hérétique des reliques, images, 3 vol. in-8°	28 nov. 1822.	1,500	4,500
Id.	Mongie.	Dictionnaire des abus et des crimes de l'oligarchie féodale, 1 vol. in-8°.	1er avril 1820.	1,500	1,500
Id.	Barba.	Ligue des nobles et des prêtres contre les peuples et les rois, 2 vol. in-8°.	29 mai.	1,500	3,000

NOMS des auteurs.	NOMS des éditeurs.	TITRES DES OUVRAGES.	DATES de la publication.	NOMBRE des exemplaires.	NOMBRE des volumes.
Tissot et Pagès.	Gouyon.	Actes civils de la France, 3 vol. in-8°.	1821, 1822, 1823.	1,500	4,500
Coquerel.	David.	Histoire philosop. du christianisme, in-18.	2 juillet 1823.	1,000	1,000
Toulottes.	Chanson.	Hist. philosoph. des empereurs, 3 v. in-8°.	29 avril.	1,000	3,000
Id.	Antoine, à Metz.	*Id.*, 2 vol, in-12.	23 février.	1,500	3,000
Buret de Longchamp.	Dupré.	Continuation des éléments de l'histoire de France, vol. in-8°.	27 février.	1,500	1,500
Bodier et Thiessé.	Lecointe et Durcy.	Hist. de la révol. française, 4 vol. in-8°.	28 novembre.	2,000	2,000
Barbaroux.	Barrière et Berville.	Mémoires inédits de Barbaroux, in-8°.	9 septembre.	1,500	1,500
Thibaudeau.	Baudouin.	Mémoires, 2 vol. in-8°.	5 juillet 1824.	3,500	7,000
Tissot.	Id.	*Id.*, sur Carnot, in-8°.	31 août.	2,500	2,500
Grégoire.	Id.	Hist. des confesseurs des rois, in-8°.	3 novembre.	1,500	1,500
Boulay de la Meurt.	Vᵉ Courcier.	Tableau des règnes de Charles II et Jacques II, 2 vol.	1er mars 1822.	1,500	3,000
Chaboulon.	Corréard.	Mémoires sur les cent jours, 3 vol. in-8°.	20 juillet.	1,500	4,500
Tissot.	Raymond.	Précis des guerres de la révol., 3 vol. in-8°.	14 déc. 1820.	1,500	1,500
Las-Cases.	Lebègue.	Mémorial de Sainte-Hélène, 8 vol. in-8°.	1822.	3,000	24,000
Id.	Id.	*Id.*, 8 vol., 2e édit.	1823.	3,000	24,000
Dulaure.	Tastu.	Hist. civile, physique et morale de Paris, 7 vol. in-8°.	1821 à 1823.	1,500	10,500
Id.	Id.	*Id.*, 2e édit., 10 vol.	1821 à 1824.	2,000	20,000
Id.	d.	Esquisses historiques des événements de la révolution française, 4 vol. in-8°.	1823.	1,500	6,000
Id.	Id.	*Id.*, 2e édition, 4 vol.	1824.	1,000	
Monglave.	Id.	Abrégé de l'histoire physique, civile et morale de Paris, 2 vol. in-18.	1824.	2,500	4,000 5,000
			TOTAL	59,500	

RÉSUMÉS HISTORIQUES.

NOMS		TITRES DES OUVRAGES.	DATES	NOMBRE	NOMBRE
des auteurs.	des éditeurs.		de la publication.	des exemplaires.	des volumes.
Fél. Bodin.	Lecointe et Durey.	Résumé de l'histoire de France, in-18.	18 déc. 1821.	1,000	1,000
Id.	Id.	Id., 2e édit.	26 janvier 1822.	2,000	2,000
Id.	Id.	Id., 3e édit.	30 avril.	3,000	3,000
Id.	Id.	Id., 4e édit.	4 octobre.	3,000	3,000
Id.	Id.	Id., 5e édit.	31 décembre.	1,000	1,000
Id.	Id.	Id. (en espagnol), in-12.	1er mai 1822.	2,500	2,500
Id.	Id.	Id. (en espagnol), in-12.	7 décembre.	2,500	2,500
Id.	Id.	Id., 8e édit.	18 juillet 1823.	3,000	3,000
Id.	Id.	Id., 9e édit.	23 juin 1824.	3,000	3,000
Id.	Id.	Id., 10e édit.	9 janvier.	1,000	1,000
Id.	Id.	Id., 11e édit.	6 février.	2,000	2,000
Id.	Id.	Id., 12e édit.	11 mai.	2,000	2,000
Simonot.	Id.	Résumé de l'histoire d'Espagne, in-18.	21 avril 1821.	500	500
Id.	Id.	Id., 2e édit., in-12.	18 juin 1821.	500	500
Alph. Rabbe.	Id.	Id., in-18.	29 juillet.	1,500	1,500
Id.	Id.	Id., 2e édit., in-18.	30 décembre.	2,000	2,000
Id.	Id.	Id., 3e édit., in-18.	8 nov. 1824.	2,000	2,000
Id.	Id.	Id., 4e édit., 2 vol. in-18.	8 juillet.	3,000	6,000
Id.	Id.	Résumé de l'histoire de Portugal, in-18.	22 mars.	1,500	1,500
Id.	Id.	Id., 2e édit., in-18.	23 juillet.	2,000	2,000

NOMS		TITRES DES OUVRAGES.	DATES	NOMBRE	NOMBRE
des auteurs.	des éditeurs.		de la publication.	des exemplaires.	des volumes.
Barbaroux.	Id.	Résumé de l'hist. des États-Unis, in-18.	3 juin 1823.	2,000	2,000
Id.	Id.	Id., 2e édit.	18 octobre 1824.	2,000	2,000
L. Thiessé.	Id.	Résumé de l'histoire de Pologne, in-12.	5 juin 1823.	1,500	1,500
Id.	Id.	Id., 2e édit.	2 octobre 1824.	2,000	2,000
Vanderbousse.	Id.	Résumé de l'histoire du monde, in-18.	11 sept. 1824.	3,000	3,000
Scheffer.	Id.	{ Résumé de l'histoire de l'empire germanique, in-12.	30 mars 1824.	1,500	1,500
Id.	Id.	Id., 2e édit.	29 juillet.	2,000	2,000
Id.	Id.	Résumé de l'histoire de Hollande, in-18.	1er octobre.	1,500	1,500
Sénancourt.	Id.	Résumé de l'histoire de la Chine, in-18.	20 octobre.	2,000	2,000
Lamy.	Id.	Résumé de l'hist. du Danemarck, in-18.	22 septembre.	2,000	2,000
Saint-Maurice	Id.	Résumé de l'hist. des croisades, in-18.	23 septembre.	2,000	2,000
Coquerel.	Id.	Résumé de l'histoire de Suède, in-18.	24 novembre.	1,500	1,500
Lucas.	Id	Résumé de l'histoire de Paris, in-18.	14 décembre.	2,000	2,000
			Total. .	64,500	67,000

Le dernier tableau que nous venons de présenter ne renferme pas la troisième partie des ouvrages qui auroient dû y
entrer; quelque jour peut-être nous complèterons un travail
qu'aujourd'hui nous ne nous sommes pas senti la force de pousser plus loin. Ainsi nous avons écarté de notre tableau cette *Bi-
bliothèque du citoyen*, dont nous avons déjà eu occasion de
parler dans *le Mémorial*, et qui seule augmentera de six cent
mille volumes la masse de livres irréligieux qui circulent dans
la société. Ce que nous avons dit dans plusieurs de nos précé-
dentes livraisons sur les *Résumés historiques* nous dispense
d'entrer dans de longs détails sur cette autre entreprise, qui
s'adresse à la jeunesse, et qui portera ses fruits. La pensée do-
minante de tous ces *abrégés* prétendus *historiques* a été ex-
primée ainsi par l'auteur du *Résumé de l'histoire du Dane-
marck*: « Les rois, les nobles et les prêtres paroissent dans cette
» histoire comme trois puissances dont l'alliance et les démêlés
» conspirent presque également au malaise des peuples. *C'est
» là ce qu'on voit dans l'histoire de toutes les nations mo-
» dernes.*» Quant aux autres ouvrages mentionnés dans notre
tableau, en attendant que nous puissions les faire connoître
chacun en particulier à nos lecteurs, nous affirmons qu'ils sont
tous attentatoires à la religion, aux mœurs ou à la royauté;
et si l'on nioit notre assertion pour un seul, nous nous enga-
geons à l'établir par le seul genre de preuves qui ne souffre pas
de réplique, par des citations.

Nous terminerons en mettant sous les yeux de nos lecteurs
le résultat des divers calculs que nous leur avons présentés.

Premier tableau,	$\begin{cases} 1,598,000 \\ 480,500 \end{cases}$
Deuxième tableau,	81,000
Troisième tableau,	207,900
Quatrième tableau,	128,000
Cinquième tableau,	179,000
Sixième tableau,	67,000
Total général . . .	2,741,400

Les faits qu'on vient d'exposer sont certains; et que de réflexions ils font naître! de quel effrayant avenir ils menacent la France et l'Europe! Tous ces livres qu'on réimprime, non par centaines, mais par *millions*, renversèrent, il y a trente-cinq ans, la monarchie et la société; que feront-ils aujourd'hui que leur action s'étend jusqu'aux dernières classes du peuple, aujourd'hui qu'un reste de foi, malheureusement trop languissante, est la seule barrière qui s'oppose aux progrès de l'impiété, favorisés par les lois, par les systèmes en vogue, par la foiblesse et la corruption? Et ce n'est pas assez de reproduire les ouvrages philosophiques du dernier siècle; les mêmes principes se retrouvent encore dans presque tous les livres nouveaux qu'on publie, soit de politique, soit de littérature, soit de science. Des multitudes de pamphlets viennent en outre exciter les passions du moment, et pousser les esprits dans toutes les routes du désordre. Quel est le peuple qui pût résister à tant d'influences combinées pour atteindre le même but, la dissolution sociale? Et l'on se tait, et on regarde froidement ce travail du crime, et l'on craindroit de le troubler! Cette apathie des gouvernements, cette espèce de tranquillité sur le bord de l'abîme, est un phénomène qu'on ne sauroit expliquer humainement. A la vue d'une stupeur si extraordinaire, on se demande s'ils auroient donc entendu cette voix qui annonce aux nations leur fin, *finis super te;* et l'on attend avec effroi les événements que présage ce repos de terreur ou d'aveuglement.

DE L'IMPRIMERIE DE LACHEVARDIERE FILS
rue du Colombier, n. 30, à Paris.